INGA PFANNEBECKER

1 NUDEL - 50 SAUCEN

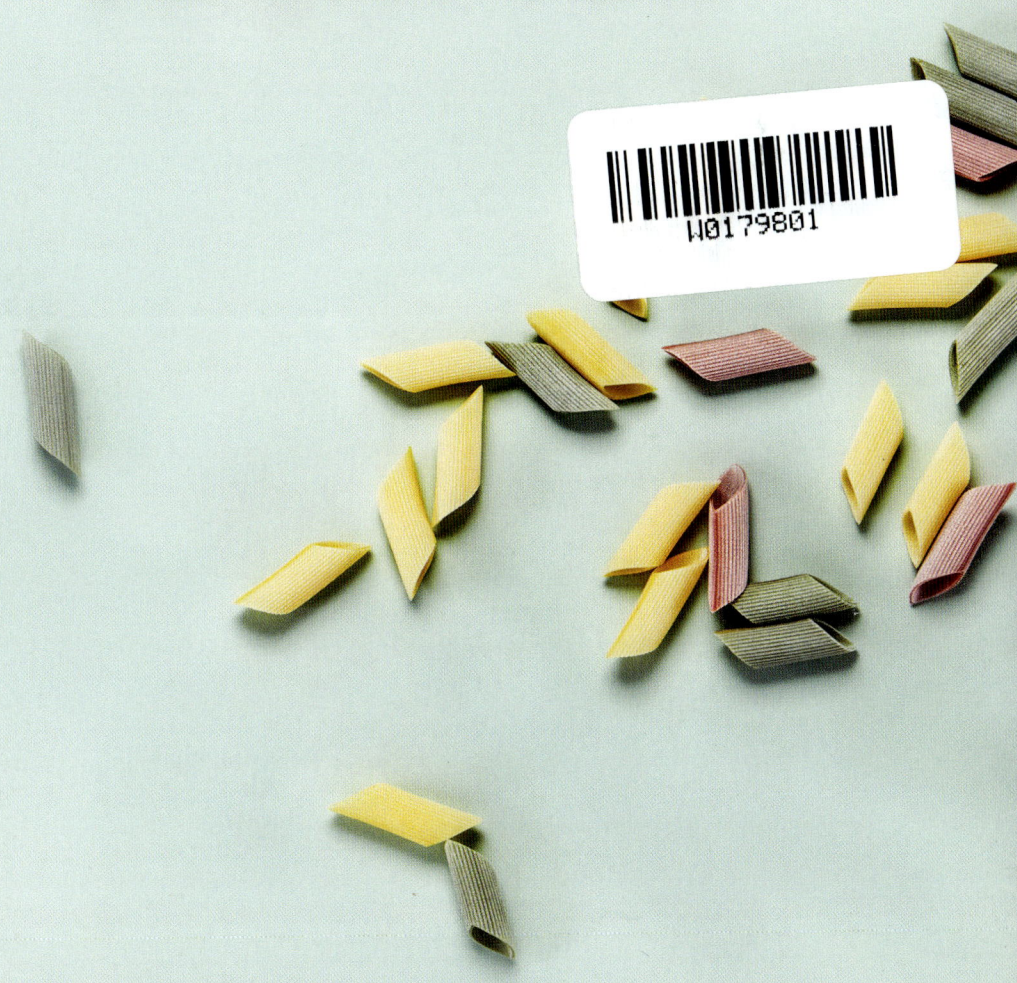

FOTOGRAFIE: WOLFGANG SCHARDT, AUEN60 PHOTOGRAPHY

INHALT

Öffnen Sie die Klappen dieses Buches.
Dort finden Sie die wichtigsten Infos zum Thema auf einen Blick!

DAS PRINZIP:
NUDELSAUCE

DIE PERFEKTE
KOMBI

Immer griffbereit:

SO GEHT'S:
NUDELN KOCHEN

Immer griffbereit:

WELCHE NUDEL
ZU WELCHER
SAUCE?

GU CLOU

Wussten Sie schon, dass …?
Entdecken Sie bei einigen ausgewähl-
ten Rezepten ganz besondere Tipps
mit verblüffendem Insiderwissen.
Aha-Momente garantiert!

Mit diesem Symbol sind alle vegetarischen
Gerichte gekennzeichnet.

Die Backzeiten können je nach Herd variie-
ren. Unsere Temperaturangaben beziehen
sich auf das Backen im Elektroherd mit
Ober- und Unterhitze.

Sammeln Ihrer Lieblingsrezepte
mit der »GU Kochen Plus«-App
(siehe S. 64)

REZEPTKAPITEL

06 RUCKZUCK GEZAUBERT

24 SCHNELL GEKOCHT

42 GEMÜTLICH GESCHMORT

04 DIE AUTORIN

05 KALTE TOMATENSAUCE IN 5 MINUTEN

26 COVERREZEPT

60 REGISTER, ABKÜRZUNGSVERZEICHNIS

62 IMPRESSUM, LESERSERVICE, GARANTIE

INGA PFANNEBECKER

Alle lieben Pasta in saftiger Sauce! Egal ob nach Feierabend blitzschnell gemischt, ruckzuck für die Familie gekocht oder am Wochenende für Gäste ganz gemütlich geschmort: Nudeln gehen immer, findet auch Kochbuchautorin Inga Pfannebecker!

Warum machen Nudeln glücklich?

Weil sie echte Alltagsstars sind: Mit der richtigen Sauce kann eine Nudel alles sein – vom Feierabend-Quickie, der nicht mehr als eine Handvoll Zutaten und knapp 20 Minuten braucht, bis er auf dem Tisch steht, bis zum entspannten Gästeessen mit gemütlich geschmorter Sauce, die sich super vorbereiten lässt. Und das Beste daran: Pasta macht auf preiswerte Art zufrieden und satt. Da sie recht neutral schmecken, sind Nudeln die perfekte Basis für aromatische Zutaten und lassen sich immer wieder neu mit aufregenden Saucen kombinieren. So findet garantiert jeder sein Lieblingspaar.

Was, wenn ich Low Carb essen will?

Kein Problem! Fast alle Nudelsaucen schmecken auch zu Gemüsenudeln wie z. B. Zoodles, zu fast kalorienfreien Konjaknudeln oder eiweißreicheren Nudelvarianten aus Hülsenfrüchten. Wer nicht ganz auf Kohlenhydrate verzichten, aber trotzdem etwas leichter essen will, mischt Gemüsenudeln und normale Nudeln. Alle Saucen in diesem Buch schmecken auch mit Vollkornnudeln und werden so zu ballaststoffreichen Slow–Carb–Gerichten.

Was ist das Wichtigste beim Nudelnkochen?

In Italien gilt: Die Gäste warten auf die Nudeln, nicht umgekehrt. Denn sonst wird die Pasta matschig und klebrig. Deshalb: bereiten Sie gerne die Sauce vor, aber kochen Sie die Nudeln selbst immer erst kurz vor dem Servieren. Warme Saucen dann erwärmen und unter die heißen Nudeln mischen. So werden Nudelgerichte perfekt und lecker. Praktischer Trick: beim Abgießen das heiße Nudelwasser auffangen, in die leere Nudelschüssel oder -teller füllen und diese damit so lange vorwärmen, bis Nudeln und Sauce gemischt und fertig zum Anrichten sind.

KALTE TOMATENSAUCE IN 5 MINUTEN

400 g reife Kirschtomaten waschen und halbieren

Blättchen von ½ Bund Basilikum waschen, trocken schütteln und in Streifen schneiden

4 EL Olivenöl

Salz, Pfeffer

abgeriebene Schale von ½ Bio-Zitrone

75 g fein geriebener Parmesan

400 g Nudeln (z. B. Fusilli)

Tomatenhälften und Basilikum mit Öl, Zitronenschale und 20 g Parmesan mischen. Kräftig abschmecken. Die Nudeln kochen, heiß untermischen. Mit übrigem Parmesan servieren.

RUCKZUCK GEZAUBERT

08 AGLIO E OLIO

10 CARBONARA MIT GEMÜSE

11 HARISSASAUCE

12 THUNFISCH-PESTO-DRESSING

14 FRÜHLINGSPESTO

14 SOMMERPESTO

15 ROTES HERBSTPESTO

15 GRÜNKOHLPESTO

16 LACHS IN MOHN-VANILLE-BUTTER

18 MOZZARELLASALSA

18 OLIVENSALSA

19 ROTE-BETE-SALSA

19 ZUCCHINISALSA

20 SPINATSAUCE MIT EI

21 AVOCADOCREME MIT PILZEN

22 PAPRIKA-CASHEW-SAUCE

23 KRÄUTER-SARDINEN-SAUCE

AGLIO E OLIO ◗

GÜNSTIG

5 Knoblauchzehen
6 getrocknete Peperoncini (kleine rote getrocknete Chilischoten; ersatzweise 1 gehäufter TL Pul Biber)
½ Bund Petersilie
80 ml Olivenöl
Salz
schwarzer Pfeffer aus der Mühle

MEHR DARAUS MACHEN
Für eine feine Variante 500 g küchenfertige Garnelen (ohne Schale, mit Schwanzflosse) in 1 EL Olivenöl unter Wenden 4–5 Min. braten. Mit Salz und Pfeffer würzen und unter die fertigen Nudeln mischen.
Für eine deftige Variante 100 g Schinkenspeckwürfel in 1 EL Olivenöl knusprig auslassen. Unter die Nudeln mischen.

1 Den Knoblauch schälen und fein hacken. Die Peperoncini mit den Händen zerbröseln und mit einem Messer noch etwas kleiner hacken. Die Petersilie waschen, trocken schütteln, die Blätter von den Stielen zupfen und fein hacken.

2 Das Öl mit dem Knoblauch und den Peperoncini in einen weiten Topf geben und 5 Min. bei mittlerer Hitze köcheln lassen. 100 ml Nudelwasser dazugießen und alles weitere ca. 5 Min. köcheln lassen.

3 Frisch gekochte Nudeln (z. B. Spaghetti oder Spaghettini) zusammen mit der Petersilie gründlich unter die Sauce mischen. Mit Salz und Pfeffer abschmecken.

Für 4 Personen • 20 Min. Zubereitung • Pro Portion ca. 260 kcal, 19 g E, 15 g F, 10 g KH

CARBONARA MIT GEMÜSE

SCHNELL

1 Knoblauchzehe
2 rote Spitzpaprika
100 g Schinkenspeckwürfel
100 g Pecorino (ersatzweise
  Parmesan)
2 sehr frische Eier (M)
2 EL trockener Weißwein
Salz
200 g TK-Erbsen
½ Bund Petersilie
Pfeffer

1 Den Knoblauch schälen und fein würfeln. Paprika halbieren, weiße Trennwände und Kerne entfernen, die Hälften waschen und klein würfeln. Die Schinkenspeckwürfel in einer Pfanne ohne Fett knusprig auslassen. Am Ende Knoblauch und Paprika zugeben und unter Wenden 3–4 Min. mitbraten.

2 Inzwischen Käse fein reiben. Die Eier mit dem Wein und dem Käse in einer großen Schüssel verquirlen. Mit Salz würzen. Die Erbsen in wenig Wasser ca. 5 Min. kochen. Petersilie waschen, trocken schütteln und fein hacken.

3 Erbsen abgießen, kurz abtropfen und abkühlen lassen und mit frisch gekochten langen Nudeln (z. B. Spaghetti) unter die Eiermischung rühren, bis die Nudeln von einer cremigen Sauce überzogen sind. Speckmischung und Petersilie untermischen. Nudeln mit Pfeffer übermahlen.

Für 4 Personen • 15 Min. Zubereitung • Pro Portion ca. 290 kcal, 7 g E, 27 g F, 5 g KH

HARISSASAUCE 🌿

SCHARF

2 EL Pinienkerne
2 Knoblauchzehen
200 g Baby-Spinat
5 EL Olivenöl
Salz
2 EL Harissa (scharfe
*   Würzpaste)*
1–2 EL Saft und abgeriebene
*   Schale von 1 Bio-Zitrone*
50 g entsteinte schwarze Oliven
75 g Schafskäse (Feta)

1 Die Pinienkerne in einer Pfanne ohne Fett goldbraun rösten, herausnehmen. Den Knoblauch schälen und fein würfeln. Den Spinat verlesen, waschen und abtropfen lassen. 1 EL Öl in der Pfanne erhitzen. Den Knoblauch darin kurz andünsten. Den Spinat zugeben und unter Wenden in 3–4 Min. zusammenfallen lassen. Dabei evtl. 1–2 EL Wasser zugeben. Den Spinat mit Salz würzen, beiseitestellen.

2 4 EL Öl mit Harissa, Zitronensaft und -schale in einer Schüssel verrühren. Die Oliven in Ringe schneiden und mit dem Spinat unter die Sauce mischen.

3 Frisch gekochte kurze Nudeln (z. B. Farfalle oder Penne) noch heiß unter die Sauce mischen. Mit Pinienkernen bestreuen und den Feta darüberbröseln.

Für 4 Personen • 15 Min. Zubereitung • Pro Portion ca. 280 kcal, 23 g E, 20 g F, 3 g KH

THUNFISCH-PESTO-DRESSING

SOMMER-REZEPT

1 große Zitrone
4 EL grünes Pesto (Fertigprodukt)
Salz, Pfeffer
2 Dosen Thunfisch in Öl (à 185 g)
200 g Kirschtomaten
50 g Rucola

MEHR DARAUS MACHEN
Bereiten Sie die Nudelsauce ohne Thunfisch, aber mit 1 EL Olivenöl zu. Die Nudeln untermischen. Nun pro Portion 1 Thunfischsteak salzen und pfeffern. In einer Grillpfanne oder auf dem heißen Grill auf jeder Seite 2–3 Min. kräftig grillen. Zusammen mit dem Nudelsalat als feines, schnelles Sommeressen servieren.

1 Die Zitrone halbieren und auspressen. Das Pesto mit dem Zitronensaft in eine Schüssel geben und glatt rühren. Mit Salz und Pfeffer kräftig würzen.

2 Den Thunfisch abgießen, gut abtropfen lassen, mit einer Gabel zerzupfen und zum Pesto-Dressing geben.

3 Die Tomaten waschen, trocken reiben und halbieren. Den Rucola verlesen, waschen, trocken schütteln und harte Stiele entfernen. Große Blätter grob hacken. Tomaten und Rucola in die Schüssel geben. Frisch gekochte kurze Nudeln (z. B. Farfalle) noch heiß unter das Dressing mischen und lauwarm oder auch kalt als Salat servieren.

Für 4 Personen • 15 Min. Zubereitung •
Pro Portion ca. 260 kcal, 8 g E, 36 g F, 1 g KH

Für 4 Personen • 15 Min. Zubereitung •
Pro Portion ca. 360 kcal, 8 g E, 31 g F, 11 g KH

FRÜHLINGSPESTO 🌿

GUT VORZUBEREITEN

1 Bund Bärlauch • 3 EL gehackte Mandelkerne •
50 g Parmesan • 100 ml Olivenöl • Salz, Pfeffer

1 Bärlauch waschen und verlesen, Stiele entfernen, Blätter klein hacken. Mandeln in einer Pfanne ohne Fett rösten, bis sie duften. Den Parmesan reiben.

2 Bärlauch, Mandeln, Parmesan und Öl mit dem Stabmixer fein pürieren. Mit Salz und Pfeffer würzen. Frisch gekochte lange Nudeln (z. B. Linguine) untermischen.

3 Sollte Pesto übrig bleiben oder Sie etwas auf Vorrat machen wollen, den Rest in ein sauberes Schraubglas füllen, mit einer dünnen Schicht Olivenöl bedecken und im Kühlschrank aufbewahren. So hält es sich ca. 1 Woche.

SOMMERPESTO 🌿

EINFACH

125 g TK-Erbsen • 80 g Cashewkerne • 50 g Rucola • 50 g Ziegenfrischkäse • 1–2 EL Saft und abgeriebene Schale von ½ Bio-Zitrone • 80 ml Olivenöl • Salz, Pfeffer

1 Erbsen und Cashewkerne mit Wasser bedeckt aufkochen und ca. 5 Min. kochen lassen. Abgießen, kurz abkühlen lassen. Rucola verlesen, harte Stiele entfernen und die Blätter grob hacken. Mit Erbsen und Cashewkernen in einen Mixer oder hohen Rührbecher geben.

2 Ziegenfrischkäse, Zitronensaft und -schale zugeben und zu einer cremigen Paste mixen. Dabei das Olivenöl nach und nach einlaufen lassen und untermixen. Evtl. noch 1–2 EL Nudelkochwasser untermixen, falls das Pesto zu dickflüssig ist. Mit Salz und Pfeffer würzen. Frisch gekochte Nudeln (z. B. Farfalle) untermischen.

Für 4 Personen • 15 Min. Zubereitung •
Pro Portion ca. 610 kcal, 8 g E, 63 g F, 4 g KH

Für 4 Personen • 15 Min. Zubereitung •
Pro Portion ca. 355 kcal, 5 g E, 35 g F, 4 g KH

ROTES HERBSTPESTO 🍃

SCHNELL

50 g Haselnusskerne • getrocknete Tomaten in Öl (Glas; 370 ml) • 3 EL Olivenöl • 1 Knoblauchzehe • 50 g Parmesan • Salz, Pfeffer • Chilipulver

1 Nüsse in einer Pfanne ohne Fett anrösten. Nach Belieben die Haut abreiben. Dazu die Nüsse auf ein Geschirrtuch geben und im Tuch gegeneinander reiben.

2 Tomaten abgießen, das Öl auffangen. Tomaten gut abtropfen lassen und grob hacken. Tomatenöl mit Olivenöl auf 5 EL auffüllen. Knoblauch schälen. Parmesan grob zerkleinern.

3 Nüsse, Tomaten, Knoblauch und Parmesan zu einer cremigen Paste mixen. Das Öl nach und nach einlaufen lassen und untermixen. Evtl. noch 1–2 EL Nudelkochwasser dazugeben. Mit Salz, Pfeffer und Chilipulver würzen. Frisch gekochte kurze Nudeln (z. B. Penne) untermischen.

GRÜNKOHLPESTO 🍃

WINTER-REZEPT

100 g zarte Grünkohlblätter • 40 g Walnusskerne • 1 Knoblauchzehe • 1 kleine Bio-Orange • 50 g Pecorino • 100 ml Olivenöl • Salz, Pfeffer

1 Kohl waschen, abtropfen lassen und Stiele entfernen. Blätter grob hacken und in kochendem Wasser ca. 3 Min. blanchieren. Kohl kalt abschrecken und gut abtropfen lassen.

2 Nüsse in einer Pfanne ohne Fett rösten, bis sie duften. Knoblauch schälen. Orange heiß waschen, trocken reiben und die Schale fein abreiben. Orange halbieren, Saft auspressen. Pecorino in grobe Stücke schneiden.

3 Alle vorbereiteten Zutaten zu einer Paste pürieren. Dabei das Öl nach und nach einlaufen lassen und untermixen. Mit Salz und Pfeffer abschmecken. Frisch gekochte Nudeln (z. B. Fusilli) untermischen.

Für 4 Personen • 20 Min. Zubereitung • Pro Portion ca. 420 kcal, 20 g E, 37 g F, 1 g KH

LACHS IN MOHN-VANILLE-BUTTER

FÜR GÄSTE

1 Bio-Zitrone
400 g Lachsfilet ohne Haut
1 gehäufter EL Mohnsamen
1 Vanilleschote
100 g Butter
Salz, Pfeffer
Zucker

1 Die Zitrone heiß waschen, trocken tupfen und halbieren. Eine Hälfte in Scheiben schneiden, von der anderen Hälfte die Schale fein abreiben. Den Lachs kalt abspülen und trocken tupfen. In 1–2 cm große Würfel schneiden. Einen Dämpfeinsatz mit den Zitronenscheiben auslegen. Die Lachswürfel darauf verteilen. Den Dämpfeinsatz in einen Topf mit wenig Wasser stellen und den Fisch zugedeckt ca. 8 Min. dämpfen.

2 Inzwischen den Mohn in einem Mörser leicht andrücken. Die Vanilleschote längs aufschlitzen, das Mark herauskratzen, in den Mörser geben und unter den Mohn mischen. Die Butter in einer Pfanne mit hohem Rand zerlassen. Den Mohn-Vanille-Mix zugeben und unter Wenden 2–3 Min. anrösten. Mit Salz, Pfeffer und 1 Prise Zucker würzen.

3 Den gedämpften Lachs in die Butter geben, zugedeckt ca. 2 Min. ziehen lassen.

4 Frisch gekochte Nudeln (z. B. Bandnudeln) vorsichtig unter die Butter mischen. Mit Zitronenschale bestreut anrichten.

Für 4 Personen • 20 Min. Zubereitung •
Pro Portion ca. 340 kcal, 14 g E, 29 g F, 6 g KH

Für 4 Personen • 15 Min. Zubereitung •
Pro Portion ca. 285 kcal, 8 g E, 27 g F, 4 g KH

MOZZARELLASALSA 🍃

EINFACH

1 Knoblauchzehe • 2 Frühlingszwiebeln •
½ Bund Petersilie • 1 getrocknete Chilischote •
1 TL Fenchelsamen • abgeriebene Schale und
4 EL Saft von 1 Bio-Orange • 4 EL Olivenöl •
Salz, Pfeffer • 250 g Mozzarella • 75 g Rucola •
2 EL geröstete Pinienkerne

1 Knoblauch schälen und fein würfeln. Frühlingszwiebeln putzen, waschen und den weißen Teil fein würfeln. Den grünen Teil in schmale Ringe schneiden. Petersilie waschen, trocken schütteln und hacken.

2 Chili zerbröseln und mit Fenchel in einer Pfanne ohne Fett anrösten. Alle Zutaten mit Orangenschale, -saft und Öl verrühren. Mit Salz und Pfeffer würzen. Mozzarella klein würfeln, untermischen. Rucola waschen, trocken schütteln und hacken. Z. B. frisch gekochte Fusilli und Rucola untermischen. Mit Pinienkernen bestreuen.

OLIVENSALSA 🍃

SOMMER-REZEPT

100 g entsteinte schwarze Oliven • 1 kleiner Fenchel • 75 g getrocknete Tomaten in Öl •
4 EL grünes Pesto • 1 EL Aceto balsamico bianco •
Salz, Pfeffer • 50 g Parmesan

1 Oliven in Scheiben schneiden. Fenchel putzen, waschen, längs halbieren und quer in hauchdünne Scheiben hobeln. Fenchelgrün hacken. Tomaten gut abtropfen lassen und in schmale Streifen schneiden.

2 Das Pesto mit Balsamico bianco und 25 ml Nudelkochwasser glatt rühren. Mit Salz und Pfeffer würzen und die vorbereiteten Zutaten untermischen. Frisch gekochte Nudeln (z. B. Orecchiette) untermischen. Parmesan mit einem Sparschäler in feine Späne hobeln und über die Nudeln streuen.

Für 4 Personen • 15 Min. Zubereitung •
Pro Portion ca. 290 kcal, 11 g E, 22 g F, 11 g KH

Für 4 Personen • 15 Min. Zubereitung •
Pro Portion ca. 65 kcal, 6 g E, 4 g F, 2 g KH

ROTE-BETE-SALSA 🍃

EINFACH

2 Rote Beten (vorgegart und vakuumiert; ca. 200 g) • 4 EL Olivenöl • 1 EL flüssiger Honig • 2 EL Limettensaft • ¼ TL gemahlener Kreuzkümmel • Salz, Pfeffer • 200 g Schafskäse (Feta) • 1 EL gerösteter Sesam

1 Rote Beten in kleine Würfel schneiden (dabei am besten Einweg-Handschuhe tragen). Öl mit Honig, Limettensaft und Kreuzkümmel in einer Schüssel verrühren. Rote-Bete-Würfel untermischen und mit Salz und Pfeffer würzen.

2 25 ml Nudelkochwasser und frisch gekochte kurze Nudeln (z. B. Penne) unter die Salsa mischen. Feta darüberbröseln und die Nudeln mit Sesam bestreuen.

ZUCCHINISALSA 🍃

SOMMER-REZEPT

2 große Zucchini • ½ Bund Minze (ersatzweise Basilikum) • 50 g Parmesan • 2 EL Zitronensaft • ½ TL Pul Biber (türkische Chiliflocken) • Salz, Pfeffer

1 Zucchini putzen, waschen und auf einer Vierkantreibe grob raspeln. Minze waschen, trocken schütteln, Blätter von den Stielen zupfen und hacken. Parmesan reiben.

2 Zucchini, Minze, Zitronensaft, Pul Biber, Salz und Pfeffer mischen. Frisch gekochte kurze Nudeln (z. B. Farfalle) untermischen. Mit Parmesan bestreut servieren.

Für 4 Personen • 15 Min. Zubereitung • Pro Portion ca. 190 kcal, 9 g E, 16 g F, 4 g KH

SPINATSAUCE MIT EI 🌿

GÜNSTIG

1 Zwiebel
1 Knoblauchzehe
1 EL Olivenöl
300 g TK-Rahmspinat
  (portionierbar)
200 ml Gemüsebrühe
4 Eier (M)
2 EL Crème fraîche
Salz, Pfeffer
frisch geriebene Muskatnuss
abgeriebene Schale von
  ½ Bio-Zitrone

1 Die Zwiebel und den Knoblauch schälen und fein würfeln. Das Öl in einem Topf erhitzen und beides darin unter Wenden andünsten. Den Spinat zugeben und die Brühe angießen. Aufkochen und ca. 8 Min. köcheln lassen, bis der Spinat aufgetaut ist. Dabei immer wieder rühren.

2 Inzwischen die Eier in kochendem Wasser in 5–6 Min. wachsweich kochen und abschrecken.

3 Die Crème fraîche unter den Spinat rühren. Mit Salz, Pfeffer, etwas Muskat und Zitronenschale würzen. Frisch gekochte Nudeln (z. B. Fusilli) untermischen. Die Eier pellen und pro Portion 1 Ei auf den Nudeln anrichten. Vor dem Essen das Ei öffnen, sodass sich das flüssige Eigelb mit der Sauce mischt.

Für 4 Personen • 15 Min. Zubereitung • Pro Portion ca. 390 kcal, 7 g E, 37 g F, 6 g KH

AVOCADOCREME MIT PILZEN 🌿

VEGAN

1 Bund Basilikum (ca. 60 g)
50 g Pinienkerne
1 Knoblauchzehe
1 Zitrone
2 reife Avocados
4 EL Olivenöl
Salz, Pfeffer
500 g Pilze (z. B. braune
*   Champignons oder*
*   Austernpilze)*

1 Das Basilikum waschen, trocken schütteln und die Blätter von den Stielen zupfen. Die Pinienkerne in einer Pfanne ohne Fett rösten, herausnehmen. Den Knoblauch schälen und halbieren. Die Zitrone halbieren und auspressen.

2 Die Avocados halbieren, die Steine entfernen und das Fruchtfleisch mit einem Löffel aus der Schale lösen. Die Avocados mit Basilikum, der Hälfte der Pinienkerne, Knoblauch, Zitronensaft und 2 EL Öl cremig pürieren. Mit Salz und Pfeffer würzen.

3 Die Pilze säubern, putzen und klein schneiden. Das übrige Öl in einer beschichteten Pfanne erhitzen. Die Pilze darin unter Wenden ca. 5 Min. bei großer Hitze kräftig anbraten. Mit Salz und Pfeffer würzen. Frisch gekochte lange Nudeln (z. B. Linguine) mit der Avocadocreme mischen und anrichten. Die Pilze daraufgeben und mit den übrigen Pinienkernen bestreut servieren.

Für 4 Personen • 20 Min. Zubereitung • Pro Portion ca. 125 kcal, 3 g E, 8 g F, 8 g KH

PAPRIKA-CASHEW-SAUCE 🌿

VEGAN

50 g Cashewkerne
1 Zwiebel
1 Knoblauchzehe
geröstete Paprika (Glas;
*   185 g Abtropfgewicht)*
1 EL Öl
¼ TL Kreuzkümmel
¼ TL geräuchertes Paprika-
*   pulver*
Salz, Pfeffer
5 Stängel Petersilie

1 Die Cashewkerne in einem kleinen Topf mit Wasser bedecken, aufkochen und ca. 10 Min. köcheln lassen. Inzwischen die Zwiebel und den Knoblauch schälen und würfeln. Die Paprika abgießen und gut abtropfen lassen.

2 Das Öl in einem Topf erhitzen. Die Zwiebel und den Knoblauch darin andünsten. Den Kreuzkümmel und das Paprikapulver zugeben und kurz anrösten. Die Paprika, die abgegossenen Cashewkerne und 200 ml Wasser zugeben, aufkochen und zugedeckt ca. 10 Min. köcheln lassen. Vom Herd nehmen und kurz abkühlen lassen.

3 Topfinhalt in einen Mixer geben und cremig pürieren. Mit Salz und Pfeffer abschmecken. Die Petersilie waschen, trocken schütteln, von den Stielen zupfen und hacken. Frisch gekochte lange Nudeln (z. B. Bavette) unter die Sauce mischen und mit der Petersilie bestreut anrichten.

Für 4 Personen • 15 Min. Zubereitung • Pro Portion ca. 150 kcal, 13 g E, 5 g F, 16 g KH

KRÄUTER-SARDINEN-SAUCE

GÜNSTIG

*2 Dosen Sardinen in Öl
(à 88 g)
1 Knoblauchzehe
4 EL Semmelbrösel
1 TL Pul Biber (türkische
Chiliflocken)
Salz
½ Bund glatte Petersilie
1 Bund Dill*

1 Die Sardinen abgießen, das Öl dabei auffangen. Die Sardinen klein schneiden. Den Knoblauch schälen und fein würfeln. 2 EL des Sardinenöls in einer beschichteten Pfanne erhitzen. Den Knoblauch darin andünsten. Die Semmelbrösel zugeben und unter Wenden darin goldbraun und knusprig rösten, Pul Biber unterrühren, mit Salz würzen und beiseitestellen.

2 Die Kräuter waschen, trocken schütteln und von den Stielen zupfen. Die Blätter fein hacken bzw. schneiden. Übriges Sardinenöl und die Sardinen unterrühren. 100 ml Nudelkochwasser und frisch gekochte Nudeln (z. B. Penne) untermischen. Nach Belieben mit Chilibröseln bestreut servieren.

SCHNELL GEKOCHT

26 SOMMER-BOLOGNESE

28 ALLROUND-TOMATENSAUE

28 SPECK-TOMATENSAUCE

29 AUBERGINEN-TOMATENSAUCE

29 TOMATENRAHMSAUCE MIT NÜSSEN

30 SIZILIANISCHE MANGOLDSAUCE

31 ZITRONENSAUCE MIT SPARGEL

32 MISOSAUCE MIT INGWER-HUHN

33 FRUCHTIGE ERDNUSSSAUCE

34 FILETGESCHNETZELTES

36 GORGONZOLASAUCE

36 PASTA TONNATO

37 PILZRAHMSAUCE

37 KOPFSALATRAHM

38 SPAGHETTI ALLA VONGOLE

38 RICOTTASAUCE MIT FEIGEN

39 TAHINISAUCE MIT OFENBROKKOLI

39 PIKANTE VIER-KÄSE-SAUCE

40 BOHNEN-SPECK-SAUCE MIT TOMATEN

Für 4 Personen • 25 Min. Zubereitung • Pro Portion ca. 340 kcal, 29 g E, 23 g F, 5 g KH

SOMMER-BOLOGNESE

SOMMER-REZEPT

1 Knoblauchzehe
5 Zweige Thymian
2 EL Olivenöl
400 g mageres Rinderhackfleisch
2 EL Tomatenmark
1 TL Pul Biber (türkische Chiliflocken)
Salz, Pfeffer
½ Bio-Zitrone
50 g Parmesan
400 g Kirschtomaten
1 Bund Basilikum

1 Den Knoblauch schälen und fein hacken. Den Thymian waschen, trocken schütteln und die Blättchen von den Stielen streifen. Das Öl in einer Pfanne erhitzen. Das Hackfleisch darin unter Wenden in ca. 5 Min. kräftig krümelig anbraten. Knoblauch, Thymian und Tomatenmark einrühren, 1–2 Min. anrösten. Hackfleischmischung mit Pul Biber, Salz und Pfeffer würzen. 175 ml Wasser einrühren und unter gelegentlichem Rühren bei mittlerer Hitze ca. 5 Min. köcheln lassen, bis die Flüssigkeit fast verdampft ist.

2 Inzwischen die Zitrone waschen, abtrocknen und die Schale fein abreiben. 2 EL Zitronensaft auspressen. Den Parmesan reiben. Die Tomaten waschen, trocken tupfen und halbieren. Basilikum waschen, trocken schütteln und die Blätter von den Stielen zupfen.

3 Zitronensaft und -schale unter die Hackfleischmischung rühren, mit Salz und Pfeffer abschmecken. Hackfleischmischung, Tomaten und Basilikum unter frisch gekochte Nudeln (z. B. Tagliatelle oder Penne) heben. Die Nudeln auf Tellern anrichten und mit Parmesan bestreuen.

Für 4 Personen • 30 Min. Zubereitung •
Pro Portion ca. 145 kcal, 3 g E, 11 g F, 8 g KH

Für 4 Personen • 25 Min. Zubereitung •
Pro Portion ca. 160 kcal, 8 g E, 9 g F, 8 g KH

ALLROUND-TOMATEN-SAUCE

FÜR KINDER

1 Zwiebel • 1 Lorbeerblatt • 3 Knoblauchzehen •
4 EL Olivenöl • 2 Dosen geschälte Tomaten
(à 400 g) • 1 Bund Basilikum • Salz, Pfeffer •
Zucker

1 Zwiebel schälen. Lorbeerblatt in die Zwiebel
stecken. Knoblauch schälen. Öl in einem weiten
Topf erhitzen. Zwiebel und Knoblauch zugeben.
Tomaten samt Saft zugeben und mit einem
Kochlöffel zerdrücken. Alles aufkochen und bei
kleiner Hitze ca. 25 Min. köcheln lassen.

2 Inzwischen Basilikum waschen, trocken
schütteln und Blätter von den Stielen zupfen. In
feine Streifen schneiden. Sauce mit Salz, Pfeffer
und 1 Prise Zucker würzen. Zwiebel, Lorbeer und
Knoblauch entfernen. Sauce mit frisch gekochten
langen Nudeln (z. B. Spaghetti) mischen und mit
Basilikum bestreut servieren.

SPECK-TOMATEN-SAUCE

SCHARF

100 g Pancetta • 2 Zwiebeln • 2–3 Peperoncini
(je nach gewünschter Schärfe) • Zucker • 2 Do-
sen stückige Tomaten (à 400 g) • Salz, Pfeffer •
50 g Kapern • 30 ml Wodka (nach Belieben)

1 Pancetta klein würfeln. Zwiebeln schälen und
fein würfeln. Peperoncini zerbröseln.

2 Pancetta in einem weiten Topf ohne Fett
knusprig auslassen, herausnehmen. Zwiebeln im
Speckfett andünsten. Peperoncini und 1 Prise
Zucker zugeben. Tomaten dazugießen, mit Salz
und Pfeffer würzen, aufkochen und ca. 15 Min.
köcheln lassen. Dabei öfter rühren.

3 Kapern abtropfen lassen und grob hacken.
Mit Pancetta und nach Belieben Wodka unter die
Sauce rühren. Unter Rühren erhitzen, mit Salz,
Pfeffer und Zucker abschmecken. Frisch gekoch-
te Nudeln (z. B. Bandnudeln) untermischen.

Für 4 Personen • 30 Min. Zubereitung •
Pro Portion ca. 235 kcal, 9 g E, 17 g F, 12 g KH

Für 4 Personen • 25 Min. Zubereitung •
Pro Portion ca. 200 kcal, 3 g E, 16 g F, 11 g KH

AUBERGINEN-TOMATENSAUCE 🌿

AUS ITALIEN

2 Auberginen (ca. 600 g) • 4 EL Öl • Salz •
1 Zwiebel • 2 Knoblauchzehen • 2 Dosen stücki-
ge Tomaten (à 400 g) • Pfeffer • 1 TL Zucker •
½ Bund Basilikum • 75 g Pecorino

1 Backofen auf 200° vorheizen. Auberginen
waschen, putzen und in ca. 2 cm große Würfel
schneiden. Mit 3 EL Öl mischen, salzen und auf
einem mit Backpapier ausgelegten Backblech im
heißen Ofen (Mitte) ca. 20 Min. backen.

2 Zwiebel und Knoblauch schälen und würfeln.
In 1 EL Öl andünsten. Tomaten zugeben, mit
Salz, Pfeffer und Zucker würzen, aufkochen und
ca. 10 Min. köcheln lassen.

3 Basilikum waschen, trocken schütteln, in
Streifen schneiden. Mit den Auberginen untermischen. Z. B. frisch gekochte Makkaroni dazugeben. Pecorino reiben und dazuservieren.

TOMATENRAHM-SAUCE MIT NÜSSEN 🌿

FÜR GÄSTE

3 EL Haselnusskerne • 1 Zwiebel • ½ Bund
Salbei • 2 Bio-Orangen • 2 EL Öl • 1 Dose
stückige Tomaten (400 g) • 100 g Crème fraîche •
1 TL Honig • Salz, Pfeffer

1 Nüsse hacken und in einer Pfanne ohne Fett
anrösten. Zwiebel schälen und würfeln. Salbei
waschen, trocken schütteln, Blätter abzupfen.
1 Orange heiß waschen, abtrocknen, Schale
abreiben. Beide Orangen auspressen.

2 Öl erhitzen. Salbei darin knusprig braten,
herausnehmen. Zwiebel im Bratöl andünsten.
Tomaten, 200 ml Wasser und Saft zugeben. Alles
aufkochen und ca. 10 Min. köcheln lassen.

3 Crème fraîche und Orangenschale einrühren,
mit Honig, Salz und Pfeffer würzen. 5 Min.
köcheln lassen. Z. B. frisch gekochte Pappardelle
untermischen. Mit Salbei und Nüssen bestreuen.

Für 4 Personen • 30 Min. Zubereitung • Pro Portion ca. 220 kcal, 8 g E, 15 g F, 13 g KH

SIZILIANISCHE MANGOLDSAUCE 🍃

ITALIENISCH

1 Zwiebel
1 Knoblauchzehe
400 g Mangold (ersatzweise
*   Blattspinat)*
2 EL Öl
50 g Rosinen
½ TL Zimtpulver
1 TL flüssiger Honig
Salz, Pfeffer
40 g geröstete Pinienkerne
50 g frisch geriebener
*   Parmesan*

1 Die Zwiebel und den Knoblauch schälen und fein würfeln. Den Mangold waschen, trocken schütteln und die Blätter von den Stielen schneiden. Die Stiele putzen und in schmale Stücke schneiden. Die Blätter grob hacken.

2 Das Öl in einer weiten Pfanne erhitzen. Die Zwiebel und den Knoblauch darin andünsten. Die Mangoldstiele zugeben und unter Wenden 2–3 Min. mitbraten. Die Mangoldblätter zugeben und unter Wenden in weiteren 2–3 Min. zusammenfallen lassen.

3 Die Rosinen, das Zimtpulver, den Honig und 50 ml Wasser zugeben und zugedeckt ca. 5 Min. dünsten. Mit Salz und Pfeffer würzen. Frisch gekochte Nudeln (z. B. Penne) untermischen. Mit Pinienkernen bestreuen und mit Parmesan anrichten.

Für 4 Personen • 30 Min. Zubereitung • Pro Portion ca. 305 kcal, 13 g E, 26 g F, 4 g KH

ZITRONENSAUCE MIT SPARGEL 🌿

FRÜHLINGS-REZEPT

500 g grüner Spargel
Salz
1 Bio-Zitrone
1 Bund Basilikum
2 ganz frische Eigelb (M)
2 EL Schmand
75 g frisch geriebener
   Parmesan
4 EL Olivenöl
Pfeffer
2 EL gehackte Pistazienkerne

1 Den Spargel waschen, Enden abschneiden. Die Stangen im unteren Drittel schälen und schräg in ca. 3 cm lange Stücke schneiden. In Salzwasser in 8–10 Min. bissfest garen.

2 Inzwischen die Zitrone waschen, abtrocknen und die Schale fein abreiben. Die Zitrone halbieren und von einer Hälfte den Saft auspressen. Das Basilikum waschen, trocken schütteln und die Blätter von den Stielen zupfen. In Streifen schneiden. Spargel abgießen und abtropfen lassen, warm halten.

3 Die Eigelbe mit dem Schmand in eine Schüssel geben und mit einem Schneebesen verquirlen. Den Parmesan, das Öl, den Zitronensaft und die Zitronenschale zugeben und unterrühren. Mit Salz und Pfeffer würzen. Z. B. frisch gekochte Linguine unter die Sauce heben, bis sie vollständig mit cremiger Sauce überzogen sind. Spargel und Basilikum untermischen. Mit Pistazien bestreut anrichten.

Für 4 Personen • 30 Min. Zubereitung • Pro Portion ca. 210 kcal, 5 g E, 19 g F, 7 g KH

MISOSAUCE MIT INGWER-HUHN

EXOTISCH

1 Stück Ingwer (ca. 3 cm)
½ Bio-Zitrone
2 Hähnchenbrustfilets
  (à ca. 200 g)
400 g Baby-Pak-Choi
  (Asia-Laden)
5 Frühlingszwiebeln
60 g Butter
35 g helle Misopaste
Salz, Pfeffer
2 EL gerösteter Sesam

1 Ingwer schälen, in Scheiben schneiden. Zitrone heiß waschen, abtrocknen und in Scheiben schneiden. Ingwer und Zitrone in einem Dämpfeinsatz ausbreiten. Das Hähnchenfleisch darauflegen. Den Dämpfeinsatz in einen mit wenig Wasser gefüllten Topf stellen. Wasser aufkochen und die Filets zugedeckt 12–15 Min. dämpfen.

2 Pak Choi waschen, längs halbieren und quer in Stücke schneiden. 6 Min. mit den Filets dämpfen. Filets mit zwei Gabeln der Länge nach zerfasern. Zusammen mit dem Pak Choi warm halten.

3 Frühlingszwiebeln putzen, waschen und klein schneiden. Butter zerlassen. Weißen Zwiebelteil darin andünsten. Misopaste und 125 ml heißes Wasser einrühren. 250 g gekochte asiatische Mie-Nudeln untermischen. Ingwer-Huhn und Pak Choi unterheben. Salzen und pfeffern. Mit Sesam und Zwiebelgrün bestreuen.

Für 4 Personen • 25 Min. Zubereitung • Pro Portion ca. 345 kcal, 14 g E, 23 g F, 20 g KH

FRUCHTIGE ERDNUSSSAUCE

VEGAN

400 g grüne Bohnen
Salz
1 Stück Ingwer (ca. 2 cm)
100 g cremiges Erdnussmus
100 ml Kokosmilch
3 EL Sojasauce
3 EL Limettensaft
1–2 TL Sambal Oelek
4 Frühlingszwiebeln
1 reife Mango (nicht zu weich)
2 EL geröstete, gesalzene
   Erdnusskerne

1 Die Bohnen waschen, die Enden entfernen und die Bohnen falls nötig entfädeln. Die Bohnen je nach Länge halbieren oder dritteln. In Salzwasser ca. 12 Min. garen.

2 Inzwischen den Ingwer schälen und fein reiben. Das Erdnussmus mit Kokosmilch und 100 ml heißem Wasser (z. B. Nudelkochwasser) glatt rühren. Den Ingwer, die Sojasauce, den Limettensaft und das Sambal Oelek unterrühren.

3 Die Frühlingszwiebeln putzen, waschen und in schmale Ringe schneiden. Die Mango vom Stein schneiden, das Fruchtfleisch schälen und in Würfel schneiden. Die Bohnen abgießen und mit Mango und Frühlingszwiebeln unter die Sauce rühren. 250 g gekochte asiatische Reis- oder Mie-Nudeln untermischen. Die Erdnüsse grob hacken und aufstreuen.

FILETGESCHNETZELTES

KLASSIKER

500 g Schweinefilet
3 Frühlingszwiebeln
200 g Zuckerschoten
300 g Möhren
2 EL Öl
Salz, Pfeffer
1 EL Mehl
400 ml Fleischbrühe
100 ml trockener Weißwein
100 g Sahne
2 EL gehackter Kerbel (ersatzweise Petersilie)

1 Das Fleisch trocken tupfen und in schmale Scheiben schnei-den. Die Frühlingszwiebeln putzen und waschen. Den weißen Teil fein würfeln, den grünen Teil in schmale Ringe schneiden. Die Zuckerschoten waschen, entfädeln und schräg in 1–2 cm breite Stücke schneiden. Die Möhren putzen, schälen und schräg in schmale Scheiben schneiden.

2 Das Öl in einer hohen Pfanne erhitzen. Das Fleisch darin unter Wenden 3–4 Min. anbraten. Den weißen Teil der Früh-lingszwiebeln dazugeben und kurz mitbraten. Mit Salz und Pfeffer würzen.

3 Das Fleisch mit Mehl bestäuben und kurz anschwitzen, dann aus der Pfanne nehmen und warm halten. Die Brühe und den Wein angießen, aufkochen und die Möhren zugeben. Zuge-deckt ca. 10 Min. köcheln lassen. Deckel abnehmen. Zucker-schoten und Sahne zugeben und weitere 4–5 Min. köcheln.

4 Das Geschnetzelte mit Salz und Pfeffer abschmecken und mit Kerbel und Frühlingszwiebelgrün bestreuen. Dazu frisch gekochte Nudeln (z. B. Bandnudeln) servieren.

Für 4 Personen • 25 Min. Zubereitung •
Pro Portion ca. 360 kcal, 16 g E, 30 g F, 4 g KH

Für 4 Personen • 25 Min. Zubereitung •
Pro Portion ca. 390 kcal, 22 g E, 31 g F, 4 g KH

GORGONZOLASAUCE 🌿

AUS ITALIEN

150 ml Milch • 100 g Sahne • 200 g Gorgonzola •
300 g junger Blattspinat • 2 EL trockener Weiß-
wein • Salz, Pfeffer • frisch geriebene Muskat-
nuss • 2 EL geröstete Sonnenblumenkerne

1 Milch mit Sahne in einen Topf geben und erhitzen. Gorgonzola würfeln und unter Rühren in
der Milchmischung schmelzen. Sauce ca. 10 Min.
köcheln lassen, dabei öfter umrühren und darauf
achten, dass sie nicht überkocht.

2 Inzwischen Spinat verlesen, waschen, gut
abtropfen lassen und grob hacken. Wein unter
die Sauce rühren und den Spinat zugeben. Unter
Rühren weitere 2–3 Min. köcheln, bis der Spinat
zusammengefallen ist.

3 Sauce mit Salz, Pfeffer und Muskat würzen.
Z. B. frisch gekochte Tagliatelle untermischen,
Sonnenblumenkerne aufstreuen.

PASTA TONNATO

EINFACH

1 Zwiebel • 1 Knoblauchzehe • 2 Stangen Stau-
densellerie • 2 Dosen Thunfisch in Öl (à 185 g Ab-
tropfgewicht) • 2 EL Olivenöl • 100 ml Gemüse-
brühe • 150 g Sahne • abgeriebene Schale und
1 EL Saft von 1 Bio-Zitrone • 5 TL Kapern •
Salz, Pfeffer • 50 g Rucola

1 Zwiebel und Knoblauch schälen, würfeln.
Sellerie putzen, waschen und würfeln. Thunfisch
abgießen, abtropfen lassen und zerpflücken.

2 Öl erhitzen. Zwiebel, Knoblauch und Sellerie
darin andünsten. Brühe und Sahne dazugießen,
aufkochen. 5 Min. köcheln lassen. Zitronenschale,
-saft und Thunfisch einrühren und pürieren.

3 Kapern abgießen, mit 1 TL der Flüssigkeit
unterrühren, salzen und pfeffern, erneut erhitzen.
Rucola waschen, trocken schütteln. Z. B. mit
frisch gekochten Spaghetti mischen.

Für 4 Personen • 30 Min. Zubereitung •
Pro Portion ca. 250 kcal, 16 g E, 19 g F, 2 g KH

Für 4 Personen • 25 Min. Zubereitung •
Pro Portion ca. 290 kcal, 25 g E, 20 g F, 3 g KH

PILZRAHMSAUCE

KLASSIKER

15 g getrocknete Steinpilze • 500 g Pilze (z. B. Champignons, Austernpilze, Pfifferlinge) • 1 Schalotte • 120 g Kochschinken • 5 Zweige Thymian • 2 EL Öl • 120 g Sahne • 50 g frisch geriebener Parmesan • Salz, Pfeffer

1 Getrocknete Pilze in 250 ml heißem Wasser ca. 15 Min. einweichen. Frische Pilze putzen und klein schneiden. Schalotte schälen und würfeln. Schinken würfeln. Thymian waschen, trocken schütteln, Blättchen abstreifen. Steinpilze abgießen, Wasser dabei auffangen, Pilze hacken.

2 Schalotte im Öl andünsten. Frische Pilze zugeben, unter Wenden 5 Min. kräftig anbraten, salzen. Schinken, Thymian und Steinpilze zugeben, kurz mitbraten. Einweichflüssigkeit und Sahne dazugießen, aufkochen und ca. 10 Min. köcheln lassen. Parmesan einrühren, salzen und pfeffern. Z. B. mit Penne mischen.

KOPFSALATRAHM

SCHNELL

1 Schalotte • 200 g Kopfsalat • ½ Bund Petersilie • 2 EL Öl • 100 g Sahne • 150 ml Gemüsebrühe • 50 g Crème fraîche • Salz, Pfeffer • frisch geriebene Muskatnuss • 2 Knoblauchzehen • 500 g rohe Garnelen (küchenfertig)

1 Schalotte schälen und würfeln. Salat waschen, trocken schleudern und hacken. Petersilie waschen, trocken schütteln und hacken. Schalotte in 1 EL Öl in einem Topf andünsten. Salat zugeben, unter Wenden zusammenfallen lassen. Sahne und Brühe angießen, aufkochen und 5 Min. köcheln lassen. Crème fraîche zugeben und fein pürieren. Mit Salz, Pfeffer und Muskat würzen.

2 Knoblauch schälen und würfeln. Garnelen im übrigen Öl 5 Min. braten. Knoblauch mitbraten, salzen. Sauce mit frisch gekochten Nudeln (z. B. Fusilli) mischen, mit Garnelen anrichten.

Für 4 Personen • 30 Min. Zubereitung •
Pro Portion ca. 170 kcal, 7 g E, 10 g F, 3 g KH

Für 4 Personen • 25 Min. Zubereitung •
Pro Portion ca. 335 kcal, 13 g E, 27 g F, 8 g KH

SPAGHETTI ALLA VONGOLE

AUS ITALIEN

RICOTTASAUCE MIT FEIGEN

FÜR GÄSTE

*1 kg Venusmuscheln • 125 ml trockener Weiß-
wein • 3 Knoblauchzehen • 1 kleine rote Chilischote • 4 EL Olivenöl • 1 EL Butter •
4 EL gehackte Petersilie • abgeriebene Schale von
½ Bio-Zitrone • Salz, Pfeffer*

*1 Schalotte • 1 Knoblauchzehe • 4 EL Butter •
150 ml Gemüsebrühe • 250 g Ricotta • 125 g Ziegenfrischkäse • 4 Scheiben Parmaschinken •
4 Feigen • ½ TL Honig • Salz, Pfeffer*

1 Muscheln waschen und abbürsten. Geöffnete
aussortieren. Übrige mit Wein und 100 ml Wasser
aufkochen, vom Herd nehmen, 5 Min. zugedeckt
ziehen lassen. Ungeöffnete aussortieren. Von
den übrigen das Fleisch herauslösen, einige
beiseitelegen. Sud durch ein Sieb gießen.

2 Knoblauch schälen, Chili entkernen. Beides
fein schneiden. Im Öl andünsten. Sud zugeben
und 3–4 Min. einkochen. Z. B. bissfest gekochte
Spaghetti zugeben und im Sud wenden. Butter
einrühren. Petersilie, Zitronenschale und Mu-
schelfleisch untermischen. Salzen und pfeffern.
Ganze Muscheln daraufgeben.

1 Schalotte und Knoblauch schälen und fein
würfeln. In 2 EL Butter in einem weiten Topf
andünsten. Brühe dazugießen, aufkochen. Hitze
reduzieren, Ricotta und Frischkäse einrühren und
die Sauce in ca. 5 Min dicklich einkochen.

2 Den Schinken jeweils dritteln. Die Feigen waschen und in Spalten schneiden. Übrige Butter
in einer beschichteten Pfanne erhitzen. Schinken
darin knusprig braten, herausnehmen. Die
Feigen in die Pfanne geben und 1–2 Min. darin
schwenken. Mit Honig beträufeln, salzen und
pfeffern. Frisch gekochte Nudeln (z. B. Rigatoni)
und Ricottasauce untermischen. Die Schinken-
chips darauf anrichten.

Für 4 Personen • 30 Min. Zubereitung •
Pro Portion ca. 240 kcal, 8 g E, 21 g F, 4 g KH

Für 4 Personen • 25 Min. Zubereitung •
Pro Portion ca. 335 kcal, 17 g E, 26 g F, 7 g KH

TAHINISAUCE MIT OFENBROKKOLI ◗

EXOTISCH

500 g Brokkoli • 2 EL Olivenöl • Salz • 2 Früh-
lingszwiebeln • ½ TL gemahlene Kurkuma •
¼ TL gemahlener Kreuzkümmel • 70 g Tahin
(Sesampaste) • Saft und abgeriebene Schale von
1 Bio-Zitrone • Pfeffer • 2 EL gerösteter Sesam

1 Den Backofen auf 200° vorheizen. Brokkoli
waschen und in sehr kleine Röschen teilen. Auf
mit Backpapier belegtem Backblech mit 1 EL Öl
beträufeln, salzen. Im Ofen ca. 25 Min. backen.

2 Frühlingszwiebeln putzen und waschen.
Weißen Teil fein würfeln, grünen Teil in schmale
Ringe schneiden. Weißen Teil in 1 EL Öl andünsten. Gewürze einstreuen. Tahin, Zitronensaft und
120 ml heißes Nudelkochwasser einrühren. Sauce aufkochen, ca. 5 Min. köcheln lassen, salzen
und pfeffern. Frisch gekochte Nudeln (z. B. Penne) und Brokkoli untermischen. Mit Zwiebelgrün,
Sesam und Zitronenabrieb bestreuen.

PIKANTE VIER-KÄSE-SAUCE ◗

WINTER-REZEPT

60 g Bergkäse • 50 g Fontina (ersatzweise Rac-
lettekäse) • 50 g Parmesan • 60 g milder
Gorgonzola • 1 Knoblauchzehe • 40 g Butter •
1 EL Mehl • 150 ml Milch • 25 ml trockener
Weißwein • Salz, Pfeffer • 2 EL gehackte
Petersilie

1 Bergkäse, Fontina und Parmesan grob reiben.
Gorgonzola würfeln. Knoblauch schälen und fein
würfeln.

2 Butter in einem Topf erhitzen, Knoblauch darin andünsten. Mit Mehl bestäuben und anschwitzen. Milch und Wein einrühren und ca. 5 Min.
köcheln, aber nicht kochen lassen.

3 Alle Käsesorten in die Sauce rühren und
schmelzen. Sauce mit Salz und Pfeffer würzen.
Frisch gekochte Nudeln (z. B. Caserecce) untermischen und mit Petersilie bestreuen.

Für 4 Personen • 25 Min. Zubereitung • Pro Portion ca. 275 kcal, 16 g E, 16 g F, 17 g KH

BOHNEN-SPECK-SAUCE

WINTER-REZEPT

2 Dosen weiße Bohnen
   (à 240 g Abtropfgewicht)
75 g Pancetta
1 Zwiebel
1 Knoblauchzehe
4 Zweige Salbei
2 EL Öl
5 reife mittelgroße Tomaten
Salz, Pfeffer
2 TL Zitronensaft
1 TL Butter
50 g frisch geriebener Parmesan

GU CLOU

Die Bohnen-Flüssigkeit und das teilweise Zerdrücken der Bohnen macht die Sauce schön sämig – ganz ohne Sahne, Crème fraîche und Co! Dafür sorgt die Stärke der Hülsenfrüchte.

1 Die Bohnen abgießen, Flüssigkeit dabei auffangen und 200 ml abmessen, evtl. mit Wasser auffüllen. Die Bohnen abspülen und abtropfen lassen. Den Pancetta in schmale Streifen schneiden. Die Zwiebel und die Knoblauchzehe schälen und würfeln. Den Salbei waschen, trocken schütteln und die Blätter von den Stielen zupfen.

2 Das Öl in einer Pfanne erhitzen. Salbei darin knusprig braten, herausnehmen. Den Pancetta im Bratöl knusprig auslassen. Die Zwiebel und den Knoblauch zugeben und andünsten. Die Bohnen und die Bohnenflüssigkeit zugeben, aufkochen und ca. 5 Min. köcheln lassen.

3 Inzwischen die Tomaten waschen, kreuzweise einritzen und mit kochendem Wasser übergießen. 1–2 Min. ziehen lassen, kalt abschrecken und häuten. Tomaten vierteln, entkernen und das Fruchtfleisch würfeln.

4 Etwa die Hälfte der Bohnen in der Pfanne mit dem Löffelrücken zerdrücken, sodass eine sämige Sauce entsteht. Mit Salz, Pfeffer und Zitronensaft abschmecken und die Butter unterrühren. Wird die Sauce zu dick, noch etwas Wasser unterrühren. Frisch gekochte Nudeln (z. B. Bandnudeln) unter die Sauce mischen. Mit Salbei, Tomatenwürfeln und Parmesan bestreuen.

GEMÜTLICH GESCHMORT

44 BOLOGNESESAUCE

46 SCHMORTOMATEN

46 RATATOUILLE-SAUCE

47 BLUMENKOHLSAUCE

47 SCHMORFENCHEL

48 PREISELBEERSAUCE MIT ENTE

49 GEMÜSE-CURRY-SAUCE MIT TOFU

50 GESCHMORTES RINDERRAGOUT

52 TINTENFISCHRAGOUT

53 LEIPZIGER-ALLERLEI-SAUCE

54 ORIENTALISCHES LAMMRAGOUT

56 KÜRBIS-RICOTTA-SAUCE

57 GESCHMORTES SPECKKRAUT

58 LINSENRAGOUT

Für 4 Personen • 3 Std. 30 Min. Zubereitung • Pro Portion ca. 370 kcal, 26 g E, 21 g F, 9 g KH

BOLOGNESESAUCE

KLASSIKER

1 Zwiebel
3 Möhren
3 Stangen Staudensellerie
1 EL Olivenöl
400 g Rinderhackfleisch
Salz, Pfeffer
frisch geriebene Muskatnuss
100 ml Milch
200 ml trockener Weißwein
600 g stückige Tomaten
   (aus der Dose)
1 EL Butter

1 Die Zwiebel schälen und fein würfeln. Die Möhren putzen, schälen und in sehr kleine Würfel schneiden. Staudensellerie schälen, waschen und ebenfalls sehr klein würfeln.

2 Das Öl in einem Schmortopf erhitzen. Die Zwiebel und das Gemüse darin unter Wenden ca. 5 Min. andünsten. Das Hackfleisch zugeben und unter Wenden krümelig anbraten. Mit Salz, Pfeffer und 1 Prise Muskat würzen. Die Milch dazugießen und unter Rühren fast ganz einkochen lassen. Den Wein hinzufügen und ebenfalls fast ganz einkochen lassen. ·

3 Nun die Tomaten zugeben, aufkochen und ca. 3 Std. köcheln lassen, dabei regelmäßig umrühren und nach und nach ca. 250 ml Wasser dazugießen, wenn das Ragout zu trocken wird. Am Ende sollte die Sauce dicklich eingekocht sein.

4 Die Sauce zusammen mit der Butter zu frisch gekochten Nudeln (z. B. Pappardelle) geben und so lange durchmischen, bis die Butter geschmolzen ist. Dazu schmeckt Parmesan. Die Sauce lässt sich auf Vorrat zubereiten und mindestens 4 Monate einfrieren. Aufgewärmt schmeckt sie sogar fast noch besser.

GU CLOU

Die kleine Menge Milch im Ragout wirkt Wunder, sie mildert die Säure der Tomaten ab und sorgt dafür, dass sich die Aromen verbinden und zu einem harmonischen Geschmack entwickeln.

44 GEMÜTLICH GESCHMORT

Für 4 Personen • 2 Std. Zubereitung •
Pro Portion ca. 110 kcal, 2 g E, 8 g F, 8 g KH

Für 4 Personen • 1 Std. Zubereitung •
Pro Portion ca. 250 kcal, 8 g E, 21 g F, 6 g KH

SCHMORTOMATEN 🍃

EINFACH

750 g Kirschtomaten • 3 Knoblauchzehen •
3 Zweige Rosmarin • 5 Zweige Thymian •
3 EL Olivenöl • 1 EL Ahornsirup • Salz, Pfeffer

1 Backofen auf 120° vorheizen. Die Tomaten
waschen und vierteln. Knoblauch schälen
und halbieren. Kräuter waschen und trocken
schütteln. Tomaten auf einem mit Backpapier
belegten Blech ausbreiten. Knoblauch und Kräu-
terstiele darauf verteilen. Mit Öl und Ahornsirup
beträufeln, salzen und im heißen Ofen (Mitte)
ca. 1 Std. 30 Min. schmoren.

2 Tomaten aus dem Ofen nehmen, Kräuter und
Knoblauch entfernen. Tomaten samt Schmorsud
in einen Topf geben. 100 ml Wasser dazugießen
und nur kurz pürieren. Die Sauce aufkochen, mit
Salz und Pfeffer würzen und ca. 5 Min. köcheln
lassen. Mit frisch gekochten Nudeln (z. B. Spaghetti) mischen.

RATATOUILLE-SAUCE 🍃

FRANZÖSISCH

2 Knoblauchzehen • 5 Zweige Thymian • 1 Zweig
Rosmarin • 4 EL Olivenöl • 1 TL Zitronensaft •
Salz, Pfeffer • 400 g Kirschtomaten • 1 rote Spitz-
paprika • 1 großer Zucchino • 1 große Auber-
gine • 150 g Ziegenfrischkäsetaler

1 Knoblauch schälen, hacken. Kräuter waschen,
trocken schütteln, Blättchen abzupfen, hacken.
Mit 2 EL Öl, Saft, Salz und Pfeffer verrühren.

2 Backofen auf 220° vorheizen. Gemüse putzen,
waschen. Tomaten halbieren, Paprika würfeln.
Beides auf ein Backblech verteilen. Zucchino und
Aubergine längs halbieren, in schmale Scheiben
schneiden. Erst Zucchino, dann Aubergine in je
1 EL Öl ca. 5 Min. braten. Beides mit dem Würzöl
unter das übrige Gemüse mischen. Im heißen
Ofen (Mitte) 35–40 Min. schmoren. Gemüse samt
Sud mit frisch gekochten Nudeln (z. B. Farfalle)
mischen. Ziegenfrischkäse darüberbröseln.

Für 4 Personen • 35 Min. Zubereitung •
Pro Portion ca. 180 kcal, 10 g E, 13 g F, 5 g KH

Für 4 Personen • 35 Min. Zubereitung •
Pro Portion ca. 330 kcal, 14 g E, 26 g F, 10 g KH

BLUMENKOHLSAUCE

BALLASTSTOFFREICH

1 Blumenkohl (ca. 1 kg) • 3 EL Olivenöl • Salz,
Pfeffer • 1 Knoblauchzehe • 6 Sardellenfilets •
25 g gehäutete Haselnusskerne • 2 TL Sesamsa-
men • ½ TL Kreuzkümmelsamen • ½ TL Kori-
andersamen • ½ TL edelsüßes Paprikapulver •
½ TL getrockneter Thymian

1 Backofen auf 220° vorheizen. Blumenkohl waschen, in sehr kleine Röschen teilen. Die Hälfte
mit 2 EL Öl auf einem Backblech mischen, salzen
und pfeffern. Im Ofen (Mitte) 20 Min. rösten.
Knoblauch schälen, würfeln. Sardellen würfeln.
Beides in 1 EL Öl andünsten. Übrigen Blumenkohl und 250 ml Wasser zugeben, aufkochen und
zugedeckt ca. 10 Min. dünsten, pürieren.

2 Übrige Zutaten ohne Fett anrösten. Im Blitz-
hacker zerkleinern, salzen und pfeffern. Frisch
gekochte Penne, Blumenkohlpüree und Röstblu-
menkohl mischen. Würzmischung aufstreuen.

SCHMORFENCHEL

EINFACH

2 italienische Fenchelbratwürste (Salsicce;
à 100 g) • 500 g Fenchel mit Grün • 1 große
rote Zwiebel • 1 EL Olivenöl • 1 EL Honig •
2 EL Aceto balsamico bianco • Salz, Pfeffer •
50 g entsteinte schwarze Oliven • 50 g Parmesan

1 Wurstbrät aus der Pelle drücken, zu Bällchen
rollen. Fenchel putzen, waschen, längs halbieren
und quer in dünne Scheiben hobeln. Fenchelgrün hacken. Zwiebel schälen, halbieren und in
Streifen hobeln. Brätbällchen im Öl anbraten,
herausnehmen. Zwiebel und Fenchel im Bratfett
andünsten. Honig, Essig und 150 ml Wasser
zugeben, salzen und pfeffern, aufkochen und
zugedeckt ca. 15 Min. schmoren.

2 Oliven in Scheiben schneiden. Mit Brätbällchen zum Fenchel geben, zugedeckt
weitere 5 Min. schmoren. Z. B. Tagliatelle untermischen. Fenchelgrün und Parmesan aufstreuen.

Für 4 Personen • 40 Min. Zubereitung • Pro Portion ca. 430 g kcal, 24 g E, 20 g F, 29 g KH

PREISELBEERSAUCE MIT ENTE

FÜR GÄSTE

1 EL Mehl
1 EL weiche Butter
2 kleine Entenbrüste (à 250 g)
Salz, Pfeffer
2 EL Honig
1 Zwiebel
150 ml trockener Rotwein
200 ml Orangensaft
2 Zweige Rosmarin
50 g Sahne
100 g Preiselbeeren
 (aus dem Glas)

1 Backofen auf 200° vorheizen. Mehl und Butter verkneten, zu kleinen Kugeln formen und einfrieren. Die Haut der Entenbrüste rautenförmig einritzen. Entenbrüste salzen und pfeffern. In einer Pfanne auf der Hautseite ca. 5 Min. anbraten, wenden und weitere 2–3 Min. braten. In eine flache Auflaufform legen und im Ofen je nach Dicke 12–15 Min. braten. Nach ca. 8 Min. die Haut mit Honig bestreichen.

2 Die Zwiebel schälen, würfeln und im Bratfett andünsten. Wein, Saft und 200 ml Wasser angießen. Rosmarin zugeben, aufkochen und bei mittlerer Hitze ca. 10 Min. köcheln. Rosmarin entfernen, Sahne unterrühren. Nach und nach die Mehlbutter einrühren. Die Preiselbeeren dazugeben. Mit Salz und Pfeffer würzen.

3 Entenbrüste in Alufolie wickeln, ca. 5 Min. ruhen lassen. Dann in Scheiben schneiden und in die Sauce legen. Mit frisch gekochten Bandnudeln anrichten.

Für 4 Personen • 35 Min. Zubereitung • 2 Std. Ruhen • Pro Portion ca. 430 kcal, 18 g E, 34 g F, 13 g KH

GEMÜSE-CURRY-SAUCE MIT TOFU 🌿

THAILÄNDISCH

400 g Tofu
3 Frühlingszwiebeln
1 Brokkoli (ca. 500 g)
4 Möhren
1 große gelbe Paprika
3 EL Öl
3 TL Thailändische rote
Currypaste
1 Dose Kokosmilch (400 g)
1 TL brauner Zucker
Salz
Koriandergrün zum
Bestreuen

1 Den Tofu in einem tiefen Teller auf ein Stück Küchenpapier setzen. Mit einem weiteren Stück Küchenpapier belegen und mit einem schweren Topf beschweren. Mind. 2 Std. stehen lassen, damit möglichst viel Flüssigkeit aus dem Tofu gedrückt wird.

2 Frühlingszwiebeln putzen, waschen und klein schneiden. Brokkoli waschen und in Röschen teilen. Möhren putzen, schälen und schräg in Scheiben schneiden. Paprika halbieren, weiße Trennwände und Kerne entfernen, die Hälften waschen und würfeln. 1 EL Öl in einem Topf erhitzen. Frühlingszwiebeln darin andünsten. Currypaste einrühren. Kokosmilch und 200 ml Wasser angießen, Zucker einrühren. Gemüse zugeben. Zugedeckt bei schwacher Hitze ca. 8 Min. garen.

3 Tofu in Würfel schneiden. In 2 EL Öl rundherum knusprig anbraten, salzen. Das Curry salzen. Tofu zugeben. Mit Koriander bestreuen und mit 250 g gegarten Reisnudeln mischen.

1

2

3

GESCHMORTES RINDERRAGOUT

GUT VORZUBEREITEN

4

5

6

10 g getrocknete Steinpilze
750 g Rindfleisch aus der
　　Schulter
1 große Zwiebel
1 Bund Suppengrün
5 Zweige Thymian
2 EL Olivenöl
2 EL Tomatenmark
1 TL Zucker
250 ml trockener Rotwein
2 Lorbeerblätter
Salz, Pfeffer

TAUSCH-TIPP
Lieber ohne Alkohol? Dann
verwenden Sie Apfel- oder
Traubensaft statt Wein.

1 Die Steinpilze klein hacken. Das Fleisch trocken tupfen und in ca. 2 cm große Würfel schneiden. Die Zwiebel schälen und fein würfeln. Das Suppengrün putzen und waschen. Die Möhren und den Sellerie schälen und in kleine Würfel schneiden. Den Lauch längs halbieren, gründlich waschen und quer in feine Streifen schneiden. Die Petersilie waschen, trocken schütteln, die Blätter von den Stielen zupfen und fein hacken. Den Thymian waschen, trocken schütteln und die Blätter von den Zweigen streifen (Bild 2).

2 Das Öl in einem Schmortopf erhitzen. Das Fleisch darin rundherum kräftig anbraten (Bild 3). Die Zwiebel und das klein geschnittene Suppengrün zugeben, etwas Petersilie zum Servieren beiseitelegen, und unter Rühren ca. 5 Min. andünsten (Bild 4). Den Thymian zugeben, das Tomatenmark und den Zucker einrühren und kurz anschwitzen.

3 Den Rotwein und 400 ml Wasser angießen. Lorbeerblätter und Pilze dazugeben, mit Salz und Pfeffer würzen (Bild 5), aufkochen und zugedeckt bei kleiner Hitze ca. 1 Std. 30 Min. schmoren. Mit Salz und Pfeffer abschmecken, Lorbeerblätter entfernen. Mit Petersilie bestreut zu frisch gekochten Bandnudeln servieren (Bild 6).

Für 4 Personen • 1 Std. 45 Min. Zubereitung • Pro Portion ca. 280 kcal, 34 g E, 10 g F, 11 g KH

TINTENFISCHRAGOUT

AUS ITALIEN

750 g Tintenfischtuben (ausge-
  nommen und geputzt)
1 Gemüsezwiebel
2 Knoblauchzehen
1 rote Paprika
2 Zweige Rosmarin
3 EL Olivenöl
1 Dose stückige Tomaten
  (400 g)
2 EL Tomatenmark
1 TL geräuchertes Paprika-
  pulver
Salz, Pfeffer

1 Die Tintenfischtuben kalt abspülen, trocken tupfen und quer in schmale Ringe schneiden. Zwiebel und Knoblauch schälen und würfeln. Paprika halbieren, weiße Trennwände und Kerne entfernen, die Hälften waschen und in kleine Würfel schneiden. Rosmarin waschen.

2 Das Öl in einem Schmortopf erhitzen. Die Zwiebel darin andünsten. Tintenfisch zugeben und unter Wenden ca. 5 Min. andünsten. Den Knoblauch und die Paprika zugeben und kurz weiterdünsten. Den Rosmarin und 400 ml Wasser dazugeben und zugedeckt bei kleiner Hitze ca. 45 Min. schmoren lassen.

3 Nach 45 Min. Tomaten, Tomatenmark und Paprikapulver zugeben. Mit Salz und Pfeffer würzen und zugedeckt weitere 45 Min. schmoren lassen. Den Deckel abnehmen und ca. 15 Min. einkochen lassen. Rosmarin entfernen. Ragout mit Salz und Pfeffer abschmecken und zu frisch gekochten Nudeln (z. B. Fettuccine) servieren.

Für 4 Personen • 35 Min. Zubereitung • Pro Portion ca. 270 kcal, 13 g E, 16 g F, 14 g KH

LEIPZIGER-ALLERLEI-SAUCE

FÜR GÄSTE

4 Frühlingszwiebeln
500 g weißer Spargel
4 Möhren
200 g Zuckerschoten
1 EL Butter
1 EL Mehl
100 ml trockener Weißwein
150 g Kochsahne
abgeriebene Schale und Saft
*   von ½ Bio-Zitrone*
Salz, Pfeffer
200 g gegarte Flusskrebs-
*   schwänze*

1 Frühlingszwiebeln putzen und waschen. Weißen und grünen Teil getrennt fein schneiden. Den Spargel waschen, die Enden abschneiden. Stangen schälen und in 3 cm lange Stücke schneiden. Möhren schälen und schräg in Scheiben schneiden. Zuckerschoten waschen, entfädeln und schräg in Streifen schneiden.

2 Die Butter in einem Topf zerlassen. Den weißen Zwiebelteil darin andünsten. Mit Mehl bestäuben und kurz anschwitzen. Wein, Sahne und 250 ml Wasser einrühren. Den Spargelstücke und die Möhren zugeben und ca. 10 Min. köcheln lassen. Dabei öfter umrühren. Zuckerschoten zugeben und weitere ca. 5 Min. köcheln lassen.

3 Zitronenschale und -saft in die Sauce rühren. Mit Salz und Pfeffer würzen. Das Flusskrebsfleisch zugeben und ca. 2 Min. in der Sauce erwärmen. Mit Frühlingszwiebelgrün bestreuen und zu frisch gekochten Tagliatelle servieren.

ORIENTALISCHES LAMMRAGOUT

GUT VORZUBEREITEN

1 Zwiebel
2 Knoblauchzehen
2 Möhren
200 g Sellerie
4 getrocknete Soft-Aprikosen
500 g Lammfleisch aus der
  Schulter oder Hüfte
1 Dose Kichererbsen (265 g
  Abtropfgewicht)
2 EL Öl
1 EL Baharat (orientalische
  Gewürzmischung)
1 Dose stückige Tomaten (400 g)
Salz, Pfeffer

1 Die Zwiebel und den Knoblauch schälen und fein würfeln. Die Möhren und den Sellerie putzen und schälen, in kleine Würfel schneiden. Die Aprikosen sehr klein würfeln. Das Fleisch trocken tupfen und in ca. 2 cm große Würfel schneiden. Die Kichererbsen abgießen.

2 Das Öl in einem Schmortopf erhitzen. Das Fleisch darin unter Wenden rundherum kräftig anbraten. Die Zwiebel, den Knoblauch, die Möhren und den Sellerie zugeben und 3–4 Min. mitbraten. Mit Baharat bestäuben, kurz anschwitzen. Die Aprikosen und die Kichererbsen einrühren.

3 Die Tomaten und 200 ml Wasser dazugeben, mit Salz und Pfeffer würzen, einmal aufkochen und bei kleiner Hitze zugedeckt ca. 1 Std. 15 Min. schmoren. Mit Salz und Pfeffer abschmecken und zu frisch gekochten Nudeln (z. B. Pappardelle) servieren. Dazu schmeckt fein gehackte frische Minze.

Für 4 Personen • 40 Min. Zubereitung • Pro Portion ca. 185 kcal, 5 g E, 10 g F, 16 g KH

KÜRBIS-RICOTTA-SAUCE 🌿

EINFACH

1 kleiner Butternusskürbis
  (ca. 800 g)
1 rote Peperoni
2 EL Olivenöl
1 EL Ahornsirup
Salz, Pfeffer
½ Bund Basilikum
30 g Amarettini
150 g Ricotta

1 Den Backofen auf 200° vorheizen. Den Kürbis halbieren, Fasern und Kerne entfernen. Das Fruchtfleisch schälen und klein würfeln. Die Pfefferschote putzen, entkernen, waschen und in schmale Ringe schneiden. Mit dem Kürbis, dem Öl und dem Ahornsirup mischen, salzen und pfeffern und auf einem mit Backpapier belegten Backblech verteilen. Im heißen Ofen (Mitte) ca. 25 Min. backen.

2 Inzwischen das Basilikum waschen, trocken schütteln, die Blätter von den Stielen zupfen und in Streifen schneiden. Die Amarettini in einen Gefrierbeutel geben und mithilfe einer Teigrolle zerbröseln.

3 Den Kürbis aus dem Ofen nehmen und drei Viertel davon mit Ricotta und 150 ml Wasser in einen Topf geben und fein pürieren. Vorsichtig erhitzen, übrige Kürbiswürfel untermischen, salzen und pfeffern. Frisch gekochte Nudeln (z. B. Farfalle) untermischen. Mit Amarettinibröseln und Basilikum bestreuen.

Für 4 Personen • 1 Std. 30 Min. Zubereitung • Pro Portion ca. 160 kcal, 10 g E, 8 g F, 11 g KH

GESCHMORTES SPECKKRAUT

AUS ÖSTERREICH

2 Zwiebeln
1 Spitzkohl (ca. 800 g)
15 g Butterschmalz
100 g Schinkenspeckwürfel
1 TL Kümmelsamen
1 EL Honig
4 EL Aceto balsamico bianco
Salz, Pfeffer
1 Bund Schnittlauch

1 Die Zwiebeln schälen, halbieren und in feine Streifen schneiden oder hobeln. Den Kohl waschen und die äußeren Blätter entfernen. Den Kohl der Länge nach halbieren und in feinen Streifen vom Strunk schneiden.

2 Das Butterschmalz in einem Schmortopf erhitzen. Die Speckwürfel darin auslassen. Zwiebeln hinzufügen und andünsten. Kohl dazugeben und unter Wenden ca. 5 Min. anbraten. Kümmel und Honig unterrühren, mit Balsamico ablöschen und mit Salz und Pfeffer würzen. Aufkochen und zugedeckt bei kleiner Hitze ca. 1 Std. dünsten, bis das Kraut weich ist und leicht bräunlich wird. Regelmäßig umrühren und bei Bedarf 1–2 EL Wasser angießen.

3 Den Schnittlauch waschen, trocken schütteln und in Röllchen schneiden. Das Kraut salzen und pfeffern. Frisch gekochte Nudeln (z. B. Tagliatelle) untermischen und mit Schnittlauch bestreuen.

Für 4 Personen • 35 Min. Zubereitung • Pro Portion ca. 395 kcal, 23 g E, 27 g F, 16 g KH

LINSENRAGOUT

HERBST-REZEPT

200 g Chorizo
1 Zwiebel
1 Knoblauchzehe
400 g Schwarzkohl (ersatzweise
  Wirsing)
2 EL Olivenöl
100 g rote Linsen
1 Dose stückige Tomaten (400 g)
Salz, Pfeffer
50 g frisch geriebener Pecorino
  (ersatzweise Parmesan)

1 Die Chorizo pellen, längs halbieren und in schmale Stücke schneiden. Die Zwiebel und den Knoblauch schälen und fein würfeln. Den Kohl waschen, trocken schütteln, die Blätter von den Stielen schneiden und in grobe Streifen schneiden.

2 Das Öl in einem Topf erhitzen. Die Chorizo darin unter Wenden auslassen, herausnehmen. Die Zwiebel und den Knoblauch im Bratfett kurz andünsten. Den Kohl zugeben und unter Wenden 2–3 Min. dünsten, bis er leicht zusammenfällt. Die Linsen einrühren. Die Tomaten und 450 ml Wasser zugeben, aufkochen und 15–20 Min. köcheln lassen, bis die Linsen weich sind. Dabei öfter umrühren.

3 Die Chorizo wieder in die Sauce geben, mit Salz und Pfeffer würzen. Frisch gekochte Nudeln (z. B. Penne) untermischen und mit Pecorino bestreut servieren.

TIPP

Je nachdem, wie alt die Linsen sind, variiert die Kochzeit und die Menge an Flüssigkeit, die sie beim Garen aufsaugen. Wird die Sauce zu trocken, noch etwas Nudelkochwasser unterrühren.

REGISTER

Vegetarische Rezepte, die im Buch mit einem 🌶 gekennzeichnet sind, sind hier grün abgesetzt.

A/B/C

Aglio e olio 8
Allround-Tomatensauce 28
Aubergine
Auberginen-Tomaten-Sauce 29
Ratatouille-Sauce 29
Avocadocreme mit Pilzen 21
Blumenkohlsauce 47
Bohnen-Speck-Sauce 40
Bolognesesauce 44
Brokkoli
Gemüse-Curry-Sauce mit Tofu 4
Tahinisauce mit Ofenbrokkoli 39
Carbonara mit Gemüse 10
Cashewkerne
Paprika-Cashew-Sauce 22
Sommerpesto 14

E/F

Ei
Carbonara mit Gemüse 10
Spinatsauce mit Ei 20
Ente: Preiselbeersauce mit Ente 48
Feigen: Ricottasauce mit Feigen 38
Fenchel: Schmorfenchel 47
Filetgeschnetzeltes 34

Fisch
Blumenkohlsauce 47
Kräuter-Sardinen-Sauce 23
Lachs in Mohn-Vanille-Butter 16
Pasta tonnato 36
Thunfisch-Pesto-Dressing 12
Fruchtige Erdnusssauce 33
Frühlingspesto 14
Frühlingszwiebeln
Filetgeschnetzeltes 34
Fruchtige Erdnusssauce 33
Gemüse-Curry-Sauce mit Tofu 49
Leipziger-Allerlei-Sauce 53
Misosauce mit Ingwer-Huhn 32
Mozzarella-Salsa 18
Tahinisauce mit Ofenbrokkoli 39

G/H

Gemüse-Curry-Sauce mit Tofu 49
Geschmortes Rinderragout 50
Geschmortes Speckkraut 57
Gorgonzolasauce 36
Grünkohlpesto 15
Hackfleisch
Bolognesesauce 44
Sommer-Bolognese 26
Hähnchen: Misosauce mit Ingwer-Huhn 32
Harissasauce 11
Käse: Pikante Vier-Käse-Sauce 39

K/L

Kopfsalatrahm 37
Kräuter-Sardinen-Sauce 23
Kürbis-Ricotta-Sauce 56
Lachs in Mohn-Vanille-Butter 16
Lammfleisch: Orientalisches Lammragout 54
Leipziger-Allerlei-Sauce 53
Linsenragout 58

M

Mangold: Sizilianische Mangoldsauce 30
Meeresfrüchte
Kopfsalatrahm 37
Leipziger-Allerlei-Sauce 53
Spaghetti alla vongole 38
Pasta tonnato 36
Tintenfischragout 52
Minze: Zucchinisalsa 19
Misosauce mit Ingwer-Huhn 32
Möhre
Bolognesesauce 44
Filetgeschnetzeltes 34
Gemüse-Curry-Sauce mit Tofu 49
Geschmortes Rinderragout 50
Leipziger-Allerlei-Sauce 53
Orientalisches Lammragout 54
Mohn: Lachs in Mohn-Vanille-Butter 16
Mozzarellasalsa 18
Muscheln: Spaghetti alla vongole 38

N/O

Nüsse
Fruchtige Erdnusssauce 33
Tomatenrahmsauce mit
    Nüssen 29
Rotes Herbstpesto 15
Oliven
Harissasauce 11
Olivensalsa 18
Schmorfenchel 47
Orientalisches Lamm-
    ragout 54

P

Paprika
Carbonara mit Gemüse 10
Gemüse-Curry-Sauce mit
    Tofu 49
Paprika-Cashew-Sauce 22
Ratatouille-Sauce 46
Tintenfischragout 52
Pasta tonnato 36
Pesto
Frühlingspesto 14
Grünkohlpesto 15
Rotes Herbstpesto 15
Sommerpesto 14
Thunfisch-Pesto-
    Dressing 12
Pikante Vier-Käse-Sauce 39
Pilze
Avocadocreme mit
    Pilzen 21
Geschmortes Rinder-
    ragout 50
Pilzrahmsauce 37
Preiselbeersauce mit Ente 48

R

Ratatouille-Sauce 46
Ricottasauce mit Feigen 38
Rindfleisch
Bolognesesauce 44
Geschmortes Rinder-
    ragout 50
Sommer-Bolognese 26
Rote-Bete-Salsa 19
Rotes Herbstpesto 15

S

Salsa
Mozzarellasalsa 18
Olivensalsa 18
Rote-Bete-Salsa 19
Zucchinisalsa 19
Sommerpesto 14
Sardinen: Kräuter-Sardinen-
    Sauce 23
Schinken
Pilzrahmsauce 37
Ricottasauce mit Feigen 38
Schmorfenchel 47
Schmortomaten 46
Sizilianische Mangold-
    sauce 30
Sommer-Bolognese 26
Sommerpesto 14
Spaghetti alla vongole 38
Spargel
Leipziger-Allerlei-Sauce 53
Zitronensauce mit
    Spargel 30
Speck
Bohnen-Speck-Sauce 40
Geschmortes Speck-
    kraut 57
Speck-Tomaten-Sauce 28
Spinatsauce mit Ei 20

T/V/Z

Tahinisauce mit Ofen-
    brokkoli 39
Thunfisch
Pasta tonnato 36
Thunfisch-Pesto-
    Dressing 12
Tintenfischragout 52
Tofu: Gemüse-Curry-Sauce
    mit Tofu 49
Tomate
Allround-Tomatensauce 28
Auberginen-Tomaten-
    Sauce 29
Bohnen-Speck-Sauce 40
Ratatouille-Sauce 46
Schmortomaten 46
Speck-Tomaten-Sauce 28
Tomatenrahmsauce mit
    Nüssen 29
Vanille: Lachs in Mohn-Va-
    nille-Butter 16
Zitronensauce mit Spargel 30
Zucchinisalsa 19

Abkürzungsverzeichnis:
E = Eiweiß
EL = Esslöffel
(gestrichen)
F = Fett
kcal = Kilokalorien
KH = Kohlenhydrate
Msp. = Messerspitze
Pck. = Päckchen
TK = Tiefkühl
TL = Teelöffel
(gestrichen)
Ø = Durchmesser

© 2018 GRÄFE UND UNZER VERLAG GmbH, München

Projektleitung: Monika Greiner
Lektorat: Margarethe Brunner
Korrektorat: Waltraud Schmidt
Gesamtgestaltung: independent Medien-Design, München:
Horst Moser (Artdirection),
Lucie Heselich, Svenja Wamser
Herstellung: Petra Roth
Satz: Kösel, Krugzell
Reproduktion: medienprinzen GmbH, München
Druck und Bindung:
Firmengruppe APPL, aprinta druck, Wemding
Syndication:
www.seasons.agency
Printed in Germany

3. Auflage 2019
ISBN 978-3-8338-6617-3

www.facebook.com/gu.verlag

GRÄFE UND UNZER

Ein Unternehmen der
GANSKE VERLAGSGRUPPE

DIE AUTORIN

Inga Pfannebecker ist Diplom-Oecotrophologin und war als Food-Redakteurin bei namhaften Zeitschriften tätig. Seit 2012 lebt sie in Amsterdam. Ihre Spezialität sind Rezepte, in denen sich guter Geschmack und Alltagstauglichkeit perfekt ergänzen.
www.inga-pfannebecker.de

DER FOTOGRAF

Wolfgang Schardt kann seine Liebe für Essen und Trinken beruflich ausleben: In seinem Studio in Hamburg fotografiert er Food, Stills und Interieur für Magazine, Verlage und Werbung. Zusammen mit **Petra Speckmann** (Foodstyling) und **Janet Hesse** (Foto-Assistenz) macht er uns mit den schönsten Nudelsaucen glücklich.
www.wolfgangschardt.com.

BILDNACHWEIS

Wolfgang Schardt: S. 06–59 und Stepfotos auf den Klappen
auen60 photography Julia Schneider + Ines Häberlein: S. 01, 05 und Stillleben auf den Klappen
Silvio Knezevic: Coverfoto
Eef Ouwehand: Autorenfoto

Umwelthinweis:

Dieses Buch ist auf PEFC-zertifiziertem Papier aus nachhaltiger Waldwirtschaft gedruckt.

LIEBE LESERINNEN UND LESER,

wir wollen Ihnen mit diesem Buch Informationen und Anregungen geben, um Ihnen das Leben zu erleichtern oder Sie zu inspirieren, Neues auszuprobieren. Wir achten bei der Erstellung unserer Bücher auf Aktualität und stellen höchste Ansprüche an Inhalt und Gestaltung. Alle Anleitungen und Rezepte werden von unseren Autoren, jeweils Experten auf ihrem Gebiet, gewissenhaft erstellt und von unseren Redakteuren/innen mit größter Sorgfalt ausgewählt und geprüft.

Haben wir Ihre Erwartungen erfüllt? Sind Sie mit diesem Buch und seinen Inhalten zufrieden? Haben Sie weitere Fragen zu diesem Thema? Wir freuen uns auf Ihre Rückmeldung, auf Lob, Kritik und Anregungen, damit wir für Sie immer besser werden können. Und wir freuen uns, wenn Sie diesen Titel weiterempfehlen, in Ihrem Freundeskreis oder online.

Sollten wir Ihre Erwartungen so gar nicht erfüllt haben, tauschen wir Ihnen Ihr Buch jederzeit gegen ein gleichwertiges zum gleichen oder ähnlichen Thema um.

KONTAKT

GRÄFE UND UNZER VERLAG
Leserservice
Postfach 86 03 13
81630 München
E-Mail: leserservice@graefe-und-unzer.de

Telefon: 0 08 00 / 72 37 33 33*
Telefax: 0 08 00 / 50 12 05 44*
Mo – Do: 9.00 – 17.00 Uhr
Fr: 9.00 – 16.00 Uhr (*gebührenfrei in D, A, CH)

APPETIT AUF MEHR?

DIE »GU KOCHEN PLUS«-APP

 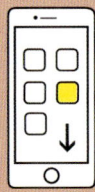

1 APP HERUNTERLADEN

Laden Sie die kostenlose »GU Kochen Plus«-App im Apple App Store oder im Google Play Store auf Ihr Smartphone. Starten Sie die App und wählen Sie Ihren Küchenratgeber aus.

2 REZEPTBILD SCANNEN

Scannen Sie das gewünschte Rezeptbild mit der Kamera Ihres Smartphones. Klicken Sie im Display die Funktion Ihrer Wahl.

3 FUNKTIONEN NUTZEN

Sammeln Sie Ihre Lieblingsrezepte. Speichern und verschicken Sie Ihre Einkaufslisten. Oder nutzen Sie den praktischen Supermarkt-Finder und den Rezept-Planer.